DIVÃ EM SÉRIE

DIVÃ EM SÉRIE

LIVIA GARCIA-ROZA

TORDSILHAS

Divã em série

Copyright © 2023 Tordesilhas é um selo da editora Alaúde do Grupo Editorial Alta Books (Starlin Alta Editora e Consultoria LTDA).
Copyright © 2023 Livia Garcia-Roza.
ISBN: 978-65-5568-159-8.

Impresso no Brasil — 1ª Edição, 2023 — Edição revisada conforme o Acordo Ortográfico da Língua Portuguesa de 2009.

Dados Internacionais de Catalogação na Publicação (CIP) de acordo com ISBD

G216d   Garcia-Roza, Livia

        Divã em série / Livia Garcia-Roza. - Rio de Janeiro : Alta Books, 2023.
        48 p. ; 13,7cm x 21cm.

        ISBN: 978-65-5568-159-8

        1. Literatura brasileira. 2. Ficção. I. Carvalho, Letícia. II. Título.

2023-1916   CDD 869.8992
                                                       CDU 821.134.3(81)

Elaborado por Odilio Hilario Moreira Junior - CRB-8/9949

Índice para catálogo sistemático:
1. Literatura brasileira : Ficção 869.8992
2. Literatura brasileira : Ficção 821.134.3(81)

Todos os direitos estão reservados e protegidos por Lei. Nenhuma parte deste livro, sem autorização prévia por escrito da editora, poderá ser reproduzida ou transmitida. A violação dos Direitos Autorais é crime estabelecido na Lei nº 9.610/98 e com punição de acordo com o artigo 184 do Código Penal.

O conteúdo desta obra fora formulado exclusivamente pelo(s) autor(es).

Marcas Registradas: Todos os termos mencionados e reconhecidos como Marca Registrada e/ou Comercial são de responsabilidade de seus proprietários. A editora informa não estar associada a nenhum produto e/ou fornecedor apresentado no livro.

Material de apoio e erratas: Se parte integrante da obra e/ou por real necessidade, no site da editora o leitor encontrará os materiais de apoio (download), errata e/ou quaisquer outros conteúdos aplicáveis à obra. Acesse o site www.altabooks.com.br e procure pelo título do livro desejado para ter acesso ao conteúdo.

Suporte Técnico: A obra é comercializada na forma em que está, sem direito a suporte técnico ou orientação pessoal/exclusiva ao leitor.

A editora não se responsabiliza pela manutenção, atualização e idioma dos sites, programas, materiais complementares ou similares referidos pelos autores nesta obra.

Produção Editorial: Grupo Editorial Alta Books
Diretor Editorial: Anderson Vieira
Editor da Obra: Rodrigo de Faria e Silva
Vendas Governamentais: Cristiane Mutüs
Gerência Comercial: Claudio Lima
Gerência Marketing: Andréa Guatiello

Assistentes Editoriais: Caroline David, Gabriela Paiva
Revisão: Carolina Rodrigues, Rafael de Oliveira
Diagramação: Rodrigo Frazão, Joyce Matos
Capa: Beatriz Frohe

Rua Viúva Cláudio, 291 — Bairro Industrial do Jacaré
CEP: 20.970-031 — Rio de Janeiro (RJ)
Tels.: (21) 3278-8069 / 3278-8419
www.altabooks.com.br — altabooks@altabooks.com.br
Ouvidoria: ouvidoria@altabooks.com.br

Editora
afiliada à:

Viver não é preciso, narrar é preciso.
E impreciso.

Um sopro do
mundo interior

A história das minhas análises começa lá atrás quando eu tinha dezesseis anos e fui mandada para Nova York para a casa de um tio para esquecer meu namorado da época. Esse tio fazia formação psicanalítica e, à noite, discutia casos clínicos com os colegas que vinham à sua casa. Eu, jovem, escutava o que eles diziam; pegava farrapos de conversa que montava a meu bel-prazer. Mal podia esperar para o encontro seguinte. Nessas reuniões ouvi falar de psicanálise pela primeira vez. Todavia, meu encontro com a psicanálise, com o saber inconsciente, data de quando eu era menina. Vamos à história.

Fui uma menina indomável. Irrequieta e turbulenta. Atormentada pelo excesso de energia. E com uma imaginação prodigiosa. Trabalhosa, segundo minha mãe. Vivia correndo pela casa, minha saia rodada ventava atrás de mim. Na nossa casa de dois andares havia uma escada que eu subia e descia inúmeras vezes ao dia. As coisas me interessavam para voltarem a me desinteressar logo em seguida. Mamãe tentava me conter, às vezes conseguia. Achava o mundo uma largueza infinita que eu tentava abarcar.

Durante um longo período da minha infância, passei desenhando o número oito. Não sei quando começou, mas de um dia para o outro eu desenhava o oito em todo e qualquer lugar. Não conseguia parar. O tempo foi passando e tudo o que me rodeava ganhava o desenho do oito. Desenhava-o no caderno da escola, na mesa de jantar, no degrau da escada, no espelho da minha penteadeira, na palma da mão, na areia da praia, em toda superfície que encontrava. E ficava atenta para ver se havia alguém me observando.

Com o passar do tempo, o desenho do oito começou a me incomodar. É preciso que uma coisa nos atrapalhe enormemente para que tomemos providência; foi o que aconteceu, um dia contei para a minha mãe. Algo me dizia que se eu não contasse, aquilo ia continuar me atrapalhando.

Mamãe mandou que eu fosse conversar com meu tio, que estudava psicanálise. Fui, meio envergonhada, mas fui. O tio e sua família, que se compunha dele, de sua mulher e de sua filha pequena, moravam a uma quadra de nossa casa. Lembro que saí correndo; num instante, encontrei meu tio escarrapachado em sua poltrona, lendo. Minha priminha dormia num sofá atrás dele. Assim que ele me viu, baixou o livro e disse: "oi, Livoca!" (Às vezes, ele me chamava assim) Achei que se eu não contasse logo a história do oito, não conseguiria falar. Então, de um fôlego só, contei que não conseguia parar de escrever o número oito, escrevia na carteira da escola, na mesa de casa, no degrau da escada, na palma da mão, na areia da praia... "Por que você não experimenta passar para o nove?" Meu tio perguntou assim que eu fiz uma pausa. Não soube o que dizer. Fiquei estatelada. Em seguida, corri de volta pra casa. Minha mãe me esperava para saber o que meu tio tinha dito, mas eu não mais me lembrava. Tivera um esquecimento instantâneo. Um bem súbito. Foi assim que o número oito passou a ser um número como outro qualquer.

Em sua aparente simplicidade, essa história e o seu desfecho me causaram uma surpresa, um impacto, melhor dito. Mexeu comigo. Na verdade, esse episódio marca meu encontro com o inconsciente. Inaugurava-se ali a minha subjetividade – com um sopro do mundo interior. Algo me dizia que o mundo era maior do que eu supunha. De uma complexidade inimaginável. Mas isso eu só viria a saber bem depois. Tinha muito ainda a descobrir. Estava apenas dando os primeiros passos. No início da vida. E, talento à parte do tio, sua pergunta apontou para uma questão. Questão essa que viria a se desdobrar em outras tantas e que eu viria a explorar na série de divãs onde procurei respostas; sem que ainda soubesse que a psicanálise não tem explicação.

As pranchas de Rorschach

As pranchas de Rorschach são também chamadas de testes de Rorschach e são uma técnica de avaliação psicológica pictórica, comumente denominada de teste projetivo ou método de auto-expressão.

Ele consiste em dar respostas sobre com o que se parecem as dez pranchas com manchas de tinta simétricas. A partir das respostas, procura-se obter um quadro amplo da dinâmica psicológica do indivíduo.

Quando ainda morávamos em Niterói, em Icaraí, na nossa riviera, minha mãe pediu que eu fosse conversar com uma amiga dela. Perguntei de quem se tratava, mas ela contornou o assunto. Estranhei o pedido, mas fui. Eu era obediente, e rebelde quando queriam tolher a minha liberdade. O objetivo da vida de minha mãe era o de me ocupar. Encontrar algo que mantivesse meu interesse.

Naquela época, eu tinha dezessete anos e estava grávida do meu primeiro namorado. Mamãe soube – numa conversa que tivemos no escritório de meu pai – e estava ansiosa e assustada com o acontecimento. Eu, completamente alienada, continuei namorando como se nada tivesse acontecido. Só quando não consegui mais dormir de bruços me dei conta que dentro de mim havia um bebê. Mas antes houve festa, bolo e casamento. Não necessariamente nessa ordem.

Na conversa com a tal amiga de mamãe, encontrei uma mulher jovem que me pareceu estrangeira, era bonita e suave. Com o passar do tempo, descobri que era uma boa pessoa. Foi a primeira pessoa mansa que conheci. Na nossa casa viviam todos em polvorosa. A começar por meu pai, que era o rei da confusão. Do alarido. Não lembro do teor das conversas com a doutora, mas lembro que conversamos. Muito. Diversas vezes estivemos juntas. Na época, foram muito importantes as nossas conversas. Seu consultório ficava numa casa cheia de luz na praia de Icaraí e era repleto de fotos de bebês (insinuação não faltava). Lembro da claridade de todo o ambiente.

Na verdade, a doutora I.K. devia ser pediatra e estudava psicanálise, que estava no seu verdor. Poucos eram os que exerciam a psicanálise, até porque havia a exigência de que aqueles que a praticavam deveriam ser médicos. Precisou passar um bom tempo para que os psicólogos pudessem também atender, caso tivessem formação. Muito depois é que a psicanálise se tornaria essa praia de náufragos, em que qualquer um que se autorize psicanalista pode abrir um consultório.

Voltando à doutora, mais tarde, ela mudou de endereço e foi para outra casa, cuja sala era escura; lá, ela projetava as tais pranchas de

Rorschach. A cada uma eu devia dizer o que me vinha à mente. Eu respondia rápido, sem vacilar, e me lembro até hoje de uma prancha que me atemorizou. A prancha era de uma imagem de duas meninas de costas à beira de um precipício. Ali, eu nos vi, a mim e a prima que cresceu comigo. Não sei se a doutora disse, ou se imaginei, que uma de nós devia cair no abismo. Havia que escolher. Escolha de Sofia, *avant la lettre*.

Passado todo esse tempo de vida, saí de Icaraí há muitos anos, não sei se a doutora ainda vive, se está no Brasil e se lembra de mim, mas eu me lembro dela com muita nitidez e muito carinho, e lembro também da prancha que me assustou. Ficou gravada na minha memória para todo o sempre. Ficamos juntas durante pouco tempo, a doutora e eu, o suficiente para eu nunca mais esquecê-la. E minha filha vir ao mundo.

◆

Nos primórdios, a psicanálise

Minha história com a psicanálise data do final da bela década de 1950. Vivíamos num país lindo e promissor. Isso nos dava segurança para os mais ambiciosos projetos. Mas, naquela época, eu não pensava em nada disso, visto ser jovem ainda e bastante alienada. Nesse período, o tio estava fazendo formação em psicanálise, em Nova York, e meus pais acharam por bem eu passar uma temporada na casa dele. Foi assim que embarquei para os Estados Unidos pela primeira vez. O intuito de meus pais era que eu esquecesse meu namorado. (Essa história de Nova York foi antes da minha gravidez e do meu casamento.)

Na casa dele, além do casal, havia minha prima de onze anos que me fazia companhia nos passeios. Na verdade, foi ela meu guia na cidade. A Nova York que ela conhecia. Meu tio trabalhava no hospital e minha tia passava os dias com os brasileiros que moravam lá. Na casa deles, ele tinha por hábito reunir colegas à noite para debater casos clínicos. Conversavam até altas horas sobre sexo. De vez em quando, riam também. Minha tia dormia, minha prima via televisão, e era eu quem servia o cafezinho a pedido dele, e com isso pegava restos de conversas. Fiapos, que eu costurava a meu bel-prazer. Às vezes, eu ficava um pouco assustada com o que escutava, mas, em sua maioria, o que eles diziam me deixava muito excitada. Sem contar que o próprio tio, vez ou outra, comentava conosco, com sua filha e comigo, sobre seus estudos, sem mencionar o sexo, naturalmente. Foi ele o primeiro a me mostrar a coleção de Freud. Um dia, seguiu-se o seguinte diálogo:

— Você sabe que livros são aqueles na estante?

— Não — eu respondi.

— São a coleção de Freud. Sabe quem foi Freud?

E então ele contou em poucas palavras a história de Freud, o qual fez parte da minha conturbada adolescência. Cedo, portanto, o nome de Freud passou a integrar a história familiar.

Em um dos dias em Nova York, mamãe apareceu de surpresa. Aparecia onde quer que eu estivesse. Um controle absoluto sobre a minha vida. Meu pai tinha ido a trabalho a Nova York e eles estavam hospedados num hotel em Manhattan, próximo da casa do meu tio. Mamãe pretendia que meu tio conversasse comigo, aconselhasse-me, eu sabia muito bem o teor da conversa que lhe agradaria. Havia sempre um viés pedagógico nos assuntos. Ela queria que meu tio me dissuadisse do casamento. Eu queria me casar com o namorado e ela achava muito cedo, porque eu tinha apenas dezessete anos e, segundo ela, seria melhor aproveitar a vida antes de assumir um compromisso mais sério. Não estava de todo errada. Mas, naquela época, eu não tinha escuta para o que minha mãe dizia. Ela achava que meu tio me dissuadiria da ideia, que teria esse poder. Era cedo mesmo para me casar, mas eu estava louca para sair de casa. Ninguém imagina o ambiente lá de casa. Um pai sempre nervoso, uma mãe, que não largava a harpa, meus irmãos num gol a gol infindável na varanda, e como se fosse pouco, uma avó (paterna), que não saía da nossa casa bisbilhotando as panelas.

Voltemos a Nova York, ao melhor dos mundos, ao primeiro mundo. Lembro que estávamos no quarto dos meus tios. Lembro inclusive da nossa disposição dentro dele. Meu tio, arriado na cabeceira cachimbando; mamãe, sentada na ponta da cama do lado oposto em que ele estava; e eu aos pés da cama. Ele ouviu o que minha mãe disse e depois de uma longa baforada em seu cachimbo, voltou-se pra mim e com a calma que lhe era habitual, perguntou:

— Você está querendo se casar, meu bem?

(Havia sempre um "meu bem" que ele dirigia às mulheres.)

— Sim, eu respondi.

Ele então voltou-se pra mamãe e disse:

— Ela tem de viver a experiência dela.

A lembrança da cena se interrompe aqui, na magnífica frase proferida pelo tio. Alguém finalmente tinha me escutado. Essa conversa foi importantíssima, um marco na minha história, até porque quando voltei, um ano depois, eu realmente me casei, grávida, aos dezoito anos. Comecei a me atrapalhar cedo na vida. Meu primeiro casamento durou exatamente dois anos e quatro meses, sendo que desse tempo meu marido passou um ano na Alemanha. No seu retorno ainda moramos quatro meses juntos, findos quais nos separamos e eu voltei para a casa de meus pais com duas filhas. De novo, na confusão.

Logo após a minha separação, achando que podia ser uma boa experiência para mim, meus pais me deram uma viagem à Itália. Nunca haviam tido uma ideia tão boa para mim. Na Itália, em Nápoles, ficaríamos na casa de uma prima que estava para ter bebê. Embarcamos, a tia, mãe dessa prima que ia ter o bebê, e outras três primas de mais ou menos a mesma idade que eu.

De Niterói para a Itália. Um salto monumental. A bela e maravilhosa Itália representou a minha libertação em todos os sentidos. Lá, eu fui feliz. Como eu já tinha sido casada e era desquitada, ganhei a chave da casa e com ela o mundo. Foram meses inacreditáveis, de profunda alegria e de muitas descobertas. Passeios memoráveis, lugares lindíssimos, comida farta e boa. E como é bela a Itália! Como é lindo o mar Mediterrâneo. Roma é impactante com seus monumentos a céu aberto, mas nós ficamos em Nápoles, onde essa prima morava com sua família, no bairro do Vomero.

De lá, fizemos inúmeros passeios. Fomos ao Vesúvio, embora fosse inverno e não tenhamos enxergado absolutamente nada, às ilhas de Capri e de Ischia e à costa Amalfitana. A maravilhosa costa Amalfitana.

Positano ficou para sempre gravada na minha memória como um dos postais mais encantadores da Itália. Em Positano, lembro que almoçamos na Buca de Baco, um restaurante onde na parte de baixo batiam as ondas. Comprei vestidos para minhas filhas numa das lojinhas que enfeitavam o lugarejo. Em Positano também tive um *affaire* que deu o que falar. Ele tinha quarenta anos e eu vinte. Foi um romance que durou minha estadia. Não que eu tenha ficado apaixonada, mas foi uma relação que me propiciou coisas interessantes.

Ainda sobre a excursão, voltamos a Roma por alguns dias. Fomos à Capela Sistina, onde vimos a inesquecível Pietá de Michelangelo, fomos também ao Coliseu e à Fontana de Trevi, na qual joguei uma moeda. Na verdade, várias moedas. Sabia que nunca mais voltaria, tanto que deixei minha jovem por lá. Vez ou outra recebo seus postais: venha! Vacilo, entre o gesto e a festa.

◆

Os anos 60

No início da década de 1960, mudamo-nos para o Rio, minhas filhas, meus pais, meus irmãos, minha avó e eu (um senhor elenco), para Copacabana, a qual ainda não tinha perdido seu encanto. Seu glamour. Muita coisa aconteceu na minha vida naquela época, uma vertigem ter vivido esse período.

Ao longo desses anos, namorei um capitão do Exército. O capitão (e não era de corveta) vinha me encontrar fardado, dentro do seu Simca Chambord. O carro era um luxo para a época. Eu era uma jovem desquitada e estava com vinte e poucos anos, tinha uma certa liberdade, isso porque minha mãe vigiava meus horários. Sempre que eu voltava pra casa e enfiava a chave na porta, ela abria do outro lado numa perseguição infindável. Impressionante.

Pouco depois da mudança, meu irmão mais moço que eu um ano surtou. Foi um grande abalo familiar. A psicose não atinge somente um membro da família, ela desestrutura a família como um todo. Um desmanche familiar. Acho que como um ato de salvamento, dispersamo-nos. Meu pai passava os dias no seu escritório da cidade; mamãe corria entre a casa, a Escola de Música e a orquestra; minha avó visitava as amigas; meu outro irmão, pelas ruas; as meninas, no colégio; e eu, trabalhando na Caixa Econômica e nos finais de semana me refugiava no teatro O Tablado com as meninas. Uma família totalmente disfuncional.

O teatro foi a minha salvação naqueles tempos duros e sombrios. Lá se produzia arte (Viva Maria Clara Machado!), havia alegria, e as pessoas, em sua maioria, eram jovens alegres e promissores. Eram risos e mais risos de acertos e erros no palco. Divertíamo-nos aprendendo a andar, sentar, sorrir, e tantas coisas mais. O palco é um colégio feliz. E Maria Clara era uma mestra leve. Mas, voltando ao episódio do meu irmão, acredito que todos nos sentimos ameaçados pela doença mental. Um estranho que faz sua aparição de dentro de nós subitamente. Foi o que aconteceu com ele a partir daquele episódio.

Quanto a mim, fiz um sintoma de pontadas agudas do lado esquerdo da cabeça, que me alarmaram, sem contar que era insone desde menina. Lembro, quando menina, de ficar sentada nos degraus da escada de nossa casa de dois andares, esperando meus pais subirem para ir para o quarto e poder dormir. Já me referi às malditas noites. Mesmo assim, em muitas delas, com eles já no quarto, eu não conseguia pegar no sono. Tempo era o que existia naquelas noites. Enfim, achava dormir um suplício e não lembro jamais de ter sentido sono. Era uma insone crônica. Suficiente para pedir ajuda.

À noite, quando me deitava, ao som das marolas de Icaraí, ao lado do telhado coberto de estrelas, solta nos sonhos, eu não tinha dono. Nem sono. Um dia, conversando com uma amiga sobre meus problemas, ela disse que pediria a analista dela que me fizesse uma indicação. Quase todas as pessoas que eu conhecia faziam análise. Fazer análise estava entrando na moda e era um tema frequente nas conversas. E os analistas, que não eram tantos assim, eram as "estrelas" daquela época.

Naquele período, eu estava de férias do meu emprego na Caixa Econômica, ia à praia com as crianças, ao cinema, aos bares com os amigos, eta vida boa olerê, eta vida boa olará...

O primeiro divã
a gente nunca esquece

Fui à primeira sessão de análise indicada pela analista da minha amiga. Eu estava ansiosa para que chegasse logo o dia. Lembro perfeitamente da atmosfera daquela tarde. Era uma tarde clara, fresca (temperatura rara no Rio) e soprava uma brisa morna vinda do mar. Quando cheguei, vi sob o edifício uma lojinha de doces, "Ondinha." Não gostei nunca de doces, mas várias foram as vezes em que fui comer um cajuzinho ou um brigadeiro, dependendo de como havia transcorrido a sessão. Lembro também de como estava vestida naquela tarde. Jeans colado ao corpo (tinha entrado no mar com a calça), camiseta, meus cabelos estavam louros (havia feito mechas) e longos e, na época, como estava de férias, vivia bronzeada. Uma jovem carioca. "Ela é carioca, carioca, olha o jeitinho dela andar..." Eu era uma jovem totalmente deslumbrada e alienada.

Fui parar num simpático consultório do Leblon, atendida por R., que abriu a porta; e no facho de luz que entrou vislumbrei um mundo novo me aguardando. Ela sorria (seus olhos sorriam também) e me convidou a entrar. R. era uma jovem que devia ter a mesma idade que eu. Não lembro das coisas que eu disse, certamente falei sobre o episódio do meu irmão, era o que mais me assustava naqueles tempos. Não lembro também do que R. disse, mas daquele dia em diante tive vontade de voltar lá muitas vezes. Tinha gostado da experiência de falar para alguém que prestava atenção. Que escutava.

À medida que as sessões prosseguiam eu me sentia cada dia melhor, mais tranquila, equilibrada, melhor dizendo, sobretudo quando contei sobre as tais pontadas na cabeça e R. disse que aquele era o meu medo da doença mental. Inacreditável como uma pessoa consegue acabar com um sintoma com uma única frase. É surpreendente quando se descobre o poder curativo das palavras. Não me lembro de outras interpretações, mas essa fixou-se na minha memória porque trouxe um alívio imediato. E eu gostava cada vez mais de R. e ficava feliz nos dias que tinha sessão.

Sendo assim, a análise caminhava de vento em popa, tudo corria melhor na minha vida, quando, passado quatro ou cinco meses, no final de uma consulta, R. disse que teríamos que interromper porque seu marido (de repente, enfiou um marido ali...) tinha sido transferido e ela estava se mudando do Rio para uma cidade do interior. Não reagi à frase, não consegui escutar, melhor dizendo. Era tudo o que eu não queria que acontecesse. R. me deixou prematuramente, sem que eu tivesse tempo de elaborar sua perda. Não sei como consegui chegar a casa depois daquela consulta, e não sei também como não reagi. Entrei num desespero crônico, absoluto. Quase colapsei. Chorei compulsivamente dias e dias. Não aceitava que aquilo tivesse acontecido comigo. Não conseguia me conformar. De repente, vi-me sozinha de novo, desamparada, insegura, vulnerável, tendo de dar conta de uma casa, um marido ator de teatro e televisão, um emprego que me pagava bem, mas era em Niterói, e duas filhas pequenas! Desesperei-me.

R. me deu um papel com um nome de um analista a quem eu devia procurar. Despachou-me de uma hora para outra. E é desse jeito que se interrompe um tratamento? Estava decretado o fim ali com ela. Quase piquei o papel com o nome do tal analista e joguei no esgoto. Mas fui ao encontro dele. Aos trancos, mas fui. Desesperada, porque não era ela. Nunca me curei desse abandono. Não sei se algum dia nos curamos do abandono.

◆

P.: O narcisinho sem graça

O consultório de P. era em Copacabana, para lá me dirigi. Ânimo zero. Mas fui. Melancólica, melancólica... Levada pelas palavras de R. Havia apenas um pingo de curiosidade em quem ela teria escolhido para me indicar. Qual seria a sumidade? Qual analista teria aceito aquele rabo de foguete? Mal entrei, deparei-me com um jovem branquela, pálido, tímido, desajeitado, não era feio, mas sua falta de presença e de vigor eram absolutas. Um narcisinho sem graça.

Sentei-me numa cadeira que ele apontou e falei, falei, falei, chorei, chorei, chorei, e o pequetito (era mais baixo do que eu) lá, segurando o queixo, imóvel na sua platitude. Bundão. Não alcançou meu sofrimento. Não entendia a minha dor. Empatia zero. Voltei lá mais algumas vezes, mas o rapaz não saía de sua posição de jovem narciso emudecido. Tinha se imobilizado. Ou brincava de estátua? Comuniquei então a ele que não voltaria mais às sessões. Ele não disse nada. Continuava mudo. Deve ter gostado de se livrar de mim. Não sabia o que fazer comigo. Poucos sabem. Mais tarde, cruzamo-nos diversas vezes na Sociedade de Psicanálise da qual fazíamos parte. Sentia um pouco de raiva cada vez que o via. Cumprimentávamo-nos de longe, e nada além. R., quando soube que eu deixara a análise com P., escreveu-me uma carta com uma longa interpretação. Um pito psicanalítico, digamos assim. Abandona-me e ainda reclama de eu não ter atendido as suas ordens? Achava mesmo que eu ia ficar com aquele panaca?... História de bosta essa. Mas às vezes é assim. Há pessoas que são uma topada na vida da gente. Foi o que aconteceu. Resultado: sozinha outra vez. E mais, perdida. Desiludida. Desamparada. Desesperada. Abandonada. Sem a mais remota chance de salvação.

◆

Meus 30 anos

Além de todo sofrimento que eu vinha passando (abandonada pela analista), outra coisa começou a me atormentar. Seriamente. Eu ia fazer trinta anos. E ninguém faz trinta anos impunemente. Parecia um gongo batendo na minha cabeça. *Trinta anos. Trinta anos. Trinta anos.* Associei as batidas de Molière[1]. Tinha de entrar em cena. Mas não se faz trinta anos impunemente... Basta lembrar o filme "*Trinta anos esta noite*", de Louis Malle.

---

1   Batidas que são dadas no teatro para avisar ao público que o espetáculo vai começar.

Comecei por dar todas as minhas calças jeans (depois viria a comprá-las de novo), achei que não combinavam com uma mulher mais velha, no caso, de trinta anos. Não sabia como ser uma mulher de trinta anos, mas algo me dizia que eu tinha posto um pé vacilante na maturidade. E era um caminho sem volta. Eu tinha de aprender a ser uma mulher, custasse o que custasse, mas não me sentia com estrutura para ser adulta, apesar do trabalho, do casamento e da maternidade. Eu era insegura, imatura, medrosa, sentia que tinha uma força, mas ela não tinha direção. Era uma força pra nada... E era tão magra naquela época que uma vez, em que usava calças de cetim vermelho coladas ao corpo e estava num sinal para atravessar, um homem que esperava a meu lado disse: "Que osso!", enquanto olhava para o meu quadril. Já estou dizendo bobagem.

Voltemos à série. Decidi procurar análise mais uma vez. Fui à casa de meu tio, que, aquela altura, era considerado um dos melhores psicanalistas do Rio de Janeiro e pedi a ele uma indicação. O tio foi consultar seu caderninho. Folheou de um lado para o outro e acabou me indicando o nome de uma mulher. Disse para que eu tentasse. Saí de sua casa esperançosa. Menos infeliz, digamos assim. Benditas as pessoas que nos aquietam o coração. Era o caso. Ele sempre me dava uma palavra de esperança. Como R., a analista também era uma mulher, haveria de me entender. Assim eu esperava. Torcia. Amo os homens, mas são as mulheres que me fortalecem. Marquei hora, seu nome também começava com a letra R. Bom augúrio. Lá fui eu.

◆

A segunda R.

A segunda R. tinha consultório em Ipanema. Era jovem também, como a primeira, usava óculos de grau e fazia um gênero sério, contido, intelectual. Toda direitinha. Alinhada, no dizer de meu pai. Era bonita, mas tentava disfarçar a beleza com austeridade. Na defensiva. Ok. "Vamos lá", pensei. Ela me recebeu formalmente. Sentei-me e comecei a contar minha azarada experiência de análise. O desespero em que estava. Ela me escutava séria, inabalável. Um poste analítico. Nem um sorriso? E a indefectível caixa de lenços, onde estava? Depois entrei na história pesada de meu irmão e por último nas desavenças que estava tendo com meu pai. Brigava com ele todas as vezes em que nos encontrávamos. Ele me parecia insuportável. Já tinha dito que não o considerava mais como meu pai. Na última vez que nos vimos, desencadeou-se uma cena grega na casa deles. Papai tomou-se da ira dos deuses com o que me ouviu dizer. Abri a porta para sair. "Enquanto eu viver, eu vou ser o seu pai!", gritou na janelinha do elevador que me levava embora de sua casa.

E eu seguia em frente, parole, parole, parole... E a doutora lá, impoluta com o que eu dizia. Que treino, hein?... Terminei dizendo que precisava fazer algo da vida em lugar de ficar repetindo a mesma cantilena e de trabalhar num emprego alienante. Então, a beldade reprimida abriu a boca e pontificou: "Afinal, você vai fazer trinta anos... Pausa. Sim, pausa. Tive vontade de atirar uma coisa naquela mulher..." Saí furiosa, chutando as pedrinhas da rua. Fui direto para a casa do meu tio contar o que tinha escutado. Cachimbando serenamente, ele disse: "Sinto muito, meu bem". E ficamos emudecidos os dois, olhando para a cara um do outro, não sei por quanto tempo.

O que eu deveria ter feito era ter voltado naquele consultório, arranjado outro horário, e brigado com aquela mulher, dizer-lhe as últimas. Precisava parar de ficar impactada com o que escutava. Isso é um resto infantil, dos piores. Tudo bem que eu fui criada ao som de gritos e fúria e isso é de difícil resolução mas tinha de reagir. Tinha raivas magníficas, eu precisava me convencer disso. Do contrário, fui à casa de meu tio para me queixar. O que eu não sabia é que, agindo daquela maneira, procurando todas as vezes pelo tio, eu estava inviabilizando o meu possível tratamento. Primeiro, desqualificava os psicanalistas, e depois, retornando sempre a ele como se só ele pudesse me entender. Mas isso eu só descobriria mais tarde, muito mais tarde.

◆

O ancião

A saga continuava. Eu precisava me tratar. E sabia disso. A doença não atinge apenas um membro da família, ela desestrutura a família como um todo, eu também me sentia atingida. Não é fácil um irmão desaparecer dentro dele. Assim como aconteceu com ele, podia ter acontecido comigo. Desconectar de um momento para o outro. Segui meu impulso e marquei consulta com um analista antigo (não tenho a menor ideia de quem partiu a indicação), muito bom, segundo todos.

Tive dificuldade em localizar o prédio, ficava no alto de uma ladeira, em Botafogo. Logo ao chegar, ao décimo andar, fui introduzida num ambiente suntuoso; sala com tapetes persas, quadros lindíssimos, certamente de pintores famosos, objetos valiosos, um biombo chinês bordado... "Isso não é para o meu bico", pensei. Quem abriu a porta foi um rapazito que me pareceu estar de libré. De repente, havia ingressado em outro tempo que eu só conhecia em álbum de retratos. O mesmo rapaz me indicou uma cadeira que ficava ao lado da janela cujo vidro ia até o chão e desapareceu em seguida, deixando a impressão de que tinha se dissolvido no ar. Súbito, tudo antigo e meio mágico. Vamos ver o que o mágico mor me dirá. Como estava no décimo andar, evitei olhar pela janela porque senão despencaria. Tenho medo de altura, além de outros tantos. Repentinamente, a porta se abriu suavemente, e um senhor antiquíssimo, saído do álbum de retratos de minha avó, meneava ligeiramente a cabeça na minha direção para que eu entrasse em sua sala. Parecia um pianista prestes a executar uma sonata de Mozart em seu Steinway. Eu já vira vários como ele. Minha mãe era musicista. Harpista. O analista usava um *foulard* e estava com um robe *demi mesure* (restos das minhas aulas de francês) de seda.

Logo, ao entrar, percebi um divã ao longe. Tal qual o divã freudiano. Fui hipnoticamente em direção a ele, quando escutei a voz do analista dizendo para que eu me sentasse, apontando uma cadeira. Sentei-me e ele sentou-se do outro lado; entre nós, uma mesa de mogno com poucos objetos. "E aí, dona...", (dona?), "... Livia, o que a traz aqui?", perguntou o velho analista. "Eu quero um pai!", respondi com voz chorosa num início de descontrole. "Precisamos ir ao cartório?", perguntou ele. Desmonte imediato. Tudo o que tinha de fazer sentido fez ali naquele momento. Tinha achado o que estava procurando. Finalmente! Um analista inteligente e certeiro. Se ele não viesse a morrer no percurso, eu teria chance de me curar. Havia que dar certo aquela análise, mas aí veio o que eu não esperava: *money, money, money...* O preço da consulta. Eu não podia pagar o que ele cobrava. Nem em sonhos. Nem fazendo vaquinha na família. Nem rogando ao marido eu poderia pagar o que ele cobrava. A rigor, quase ninguém podia pagar o preço daquela consulta. Ele devia ser um ancião excêntrico que se distraía entrevistando as pessoas. Um hobby como outro qualquer. E o senhor analista não aceitava negociação. Era irredutível. Lamentei dias seguidos. Enfim, quase fiquei boa.

◆

O estudo

Eu estava mesmo bastante perdida. Nocauteada por uma interpretação, e a seguir, nada. Mesmo assim, fui fazer o cursinho do Psi-pré para me preparar para o vestibular, uma vez que tinha perdido o unificado (baile de debutante, conto depois). Não, conto agora. Os artistas de televisão que faziam novelas e eram considerados galãs, entre eles o meu marido, eram convidados para participar de bailes de debutante. Essas festas eram todas em clubes do interior. Tinha que viajar, mas com tudo pago. E o artista galã convidado dançaria a valsa com a debutante. Para isso ganharia um senhor cachê. Valia a pena o sacrifício. Fui a algumas dessas festas. Perdi muito tempo valsando no interior.

Na volta, fiz o artigo 99, em seguida, fiz o vestibular para a Faculdade Gama Filho e passei. Ufa! Lembro que mamãe me acompanhou no dia em que fui fazer a matrícula. Não tive boa impressão da Faculdade, toda azulejada, parecia um enorme banheiro, mas era lá que eu iria estudar. Quem manda acompanhar marido em bailes no interior? Sem chance de escolha. Intuí também que lá eu iria encontrar alguém muito especial.

Não sei bem porque, mas de vez em quando me vinham lampejos, intuições. Nem sempre boas. E estava certa, como de outras vezes.

O inconsciente é a fonte de notícias. Bem, tudo isso pra dizer que foi lá que Luiz Alfredo e eu nos vimos pela primeira vez. Bastou um olhar e o tempo foi para o espaço! Mas essa já é outra história. Bem melhor do que a que eu estava vivendo. Uma longa travessia até o encontro que iria modificar minha vida. Mas não quero me adiantar...

* ◆ *

O analista safado

Nesse meio tempo, minha prima mais próxima e querida andava fazendo análise com o analista C. e gostando. Falava com frequência sobre ele tecendo altos elogios. Fiquei pensativa. Seria a solução? Fazer análise com o analista da prima? Não ia complicar mais ainda a minha vida? Fui apresentada a ele numa palestra na sociedade da qual fazíamos parte, minha prima, o analista, e eu.

Ao tomarmos um cafezinho juntos, ele me ofereceu o divã. Assim. Sem mais nem menos. Um analista oferecendo o divã. Mal me conhecia. Estranhei muito a proposta, muito, mas aceitei. Fiquei curiosa. O que será que iria se passar naquela consulta? O que mais ele iria oferecer? Teria um cardápio de ofertas? Lá ia eu ter mais uma experiência insólita. Uma aventura analítica. Ele lembrava um coelho velho despelado e maltratado. Nem de longe o coelho da Alice.

Não me lembro da primeira consulta, mas também não me lembro da voz dele. Não me lembro de nada, a não ser do seu sorriso idiotizado com o que quer que eu dissesse. E a minha ladainha era a mesma. Decoreba que eu oferecia nas primeiras entrevistas. Mas nada do que eu dizia importava àquele velho babão. Safado. Sim, é o que ele era. Demonstrava claramente a atração que sentia por mim. Nunca tinha passado por aquela experiência esdrúxula. Muito incômoda e indecorosa. Ah, então era isso... Achava que divã era pra trepar? Bestalhão. Não tinha outra saída senão correr dali. O mais rápido possível. Foi o que fiz, sem dar nenhuma satisfação. Sequer a minha prima. Fugi. Que coisa difícil encontrar um analista digno, decente, ético!

◆

A monkey

Depois daquele peremptório não do velho analista, comecei a pensar em fazer análise de grupo. Quem sabe encontraria no grupo o apoio necessário? Parecia-me ser a melhor solução. Eu estaria acompanhada por outros parceiros. Haveria testemunha, isso começou a me parecer importantíssimo. Além do mais, eu tinha uma amiga que fazia análise de grupo e estava adorando.

Naquele tempo eu havia deixado de escrever para R. e consequentemente ela pra mim. Estava até esquecendo dela um pouco, o que não deixava de ser um alívio. Fui fazer a entrevista com o segundo P. para saber se ele me aceitaria no grupo. Seu consultório ficava num edifício grande, em Copacabana, daqueles que têm uma infinidade de salas por andar. Nada simpático, tampouco acolhedor. De cara, não tive boa impressão do analista, não era uma figura agradável, mas eu estava procurando um grupo. Soube por ele que já haviam tido dois ou três encontros. Ele me aceitou, porém, durante a entrevista, eu não senti nenhum interesse real por parte dele. Estava ali como podia não estar. Inteiramente desligado. Em outra cena certamente. Tinha olhos de esquilo e era feio, anguloso, magro e baixo. Um monstrinho.

Fui me encontrar com o grupo. Comigo, éramos nove incautos de idades variadas. A exceção de um rapaz, todos falavam o tempo todo, e disputava-se a palavra quase a tapa. Logo no início, ele fez questão de dizer que o grupo continuava aberto, ou seja, podia entrar mais gente. Pelo que pude depreender, o sujeito tinha montado um caça-níquel.

Vez ou outra, quando atendia, tirava os sapatos e ficava trepado na cadeira. A *monkey*. Uma figura grotesca. Querendo parecer moderno era um sujeito insignificante, rastaquera, muito mal-educado. Não sabia onde eu estava com a cabeça para parar naquele grupo. Não sabia onde estava com a cabeça mesmo. Mas que azar... Minha mãe não gostava que eu dissesse essa palavra (dizia que os anjinhos no céu estão dizendo amém), mas tem momentos que não há outra coisa a dizer senão essa palavra. Tremendo azar. Convenhamos. Durante todo o tempo que estive no grupo, ele não fez nenhuma interpretação. Sequer uma pergunta interpretativa. Talvez não soubesse do que se tratava... E quando fez uma interpretação foi um desastre, justo no rapaz que tinha aberto a boca pela primeira vez. O grupo então passou a se interpretar mutuamente.

Na sessão seguinte, o tal rapaz tomou coragem e voltou a falar. Contou uma história tristíssima. Alguns ficaram emocionados; eu, inclusive. O analista, se é que se pode chamá-lo assim, ficou em silêncio. Perguntei se ele não iria dizer nada. Resposta do Ppzão: "Estou com o corpo fora". Quem tirou o corpo então fui eu. Desapareci, sem dar a menor satisfação. Sequer um telefonema. Nenhuma pista. Ele não merecia. Que sujeitinho à toa! Mas que merda de analista!

◆

A faculdade
e seus encantos

Decididamente, eu não estava com sorte, convenhamos. Talvez a psicanálise e eu não sejamos compatíveis. Há casos assim. Todavia, nesse ínterim, eu começara a cursar o primeiro período de Psicologia. E encontrar um analista era urgente. Primeiro, porque eu estava precisando muito; segundo, eu não poderia vir a fazer clínica se não estivesse em análise. Não era possível que no Rio de Janeiro não houvesse um analista que me escutasse... Empatizasse comigo, com a minha história, com o meu caso. Mas falemos de coisas boas. Ótimas, por sinal. Depois a gente volta ao assunto.

Eu estava deslumbrada por estar na faculdade, por ter voltado a estudar. Pertencer a uma turma, apesar do sistema de créditos. Não cursei antes porque tive um bebê com dezoito anos e outro com dezenove anos, então estudar ficou muito longe, até nos meus devaneios. Mas sempre quis me formar, ter uma graduação. Ter uma profissão. Habilitar-me. Tornar-me adulta.

Lembro que uma vez, em Niterói, quando minha primeira filha devia ter uns três, quatro meses, matriculei-me num curso à noite para fazer o científico. Toda noite, estava na sala de aula e meus seios começavam a pingar e não paravam. Saía com a blusa empapada de leite e meio envergonhada. Ia direto para casa a fim de dar de mamar. Em suma, não deu para estudar. Mas finalmente o momento chegara, apesar de não ser a universidade que eu teria escolhido, queria ter entrado para a UFRJ, na Praia Vermelha, a instituição de ensino mais antiga do Brasil. A melhor delas. A mais gabaritada.

Contudo, na Gama Filho, eu havia me encantado por uma professora. Um rapaz lindíssimo. A turma só soube que se tratava de uma mulher quando uma das colegas perguntou o nome dela. Pela primeira vez na vida tinha acontecido de eu me encantar com uma mulher, digamos assim. Apaixonar-me por uma mulher. Fiquei muito mexida com isso. Terrivelmente confusa. Abaladíssima, melhor dizendo. Precisava ser atendida. Alô, alô, Rio de Janeiro! Um analista para mim, por favor!

◆

A crente

Nesse período de maior turbulência interna – perdidona –, ouvi falar de uma analista que atendia na praia de Botafogo e estava formando um grupo, que era muito boa e séria e coisa e tal. Pedi uma entrevista e ela me concedeu. Durante a entrevista, tive impressão de que tinha voltado à Escola Dominical na igreja protestante que frequentava com minha mãe. A mulher tinha um quê de tia e de crente, aceitou-me hesitante, eu senti, mas aceitou.

Assim, fui introduzida num pequeno grupo de quatro pessoas. Seres de um outro planeta. Uma moça esquisita, com expressão sofredora, angustiadíssima, mas que não dava um pio e não era estimulada a falar; uma menina desesperada porque a mãe ia viajar de avião e ela achava que ia morrer – quase apertei a mão dela e disse: "Toca aqui, sempre senti isso na sua idade, mas passa"; um rapaz amorfo; outro que se levantou e disse que não iria ficar (o mais esperto do grupo); eu, casada pela segunda vez, mãe de pré-adolescentes e apaixonada por uma professora que era um rapaz lindíssimo; e, por fim, a analista.

E. era uma médica com uma mente quadrada, antiquada e mofada, como se mostrou no decorrer das consultas. Vestia-se como uma senhora de idade, no entanto, não devia ser velha, talvez estivesse na casa dos cinquenta anos. Quando comecei a falar sobre o meu encantamento, e consequente questionamento, sua expressão, embora contida, escandalizou-se. Aí então seguiram-se as interpretações kleinianas pesadas, que a tal fulana seria minha mãe boa (mas minha mãe era boa, rebati, mas ela não escutou ou não quis escutar), insistia que eu estaria vendo na professora a figura de minha mãe. Foi uma canseira. Depois, voltou à carga, dizendo que a moça era o meu pai, ou o meu avô... Não sei bem, e não interessa. A mulher tinha uma mente obtusa, tapada, obliterada. Devia ser filha de Maria ou neta de Judith. Evangélica até o último versículo. Havia de ter uma Bíblia malocada em algum lugar do consultório. Quando pensei em desertar, ela disse que iria dissolver o grupo, àquela altura com três pessoas. Aleluia!

◆

O tio e o Édipo Rei

Voltei à casa de meu tio para contar sobre o meu desastrado percurso. Disse-lhe então que estava pensando em fazer análise com B. Ele não entendeu ou não pôde escutar. Ficou aguardando que eu dissesse o nome do analista. "Sim, com 'B.'", eu repeti. B. era um analista muito badalado e polêmico na época. Meu tio finalmente escutou e disse: "É melhor, meu bem, pensarmos num nome..." e ficou folheando seu caderninho. Nisso, sua mulher entrou na sala e perguntou o que estava acontecendo. Ele disse que eu estava pensando em fazer análise com B.

— Vai ser a próxima vítima! — ela gritou e saiu da sala.

— Está vendo, meu bem? — continuou ele. — Talvez não seja uma boa ideia.

A mulher voltou a entrar e perguntou:

— Por que ela não faz análise com H.?

— Com H.? — perguntou ele.

Ficou pensativo. Em seguida, se perguntou, Livia e H.? H. e Livia? Até que se decidiu:

— É, meu bem, você pode tentar.

Eu conhecia H. de nome, que era conhecido no Rio, e também porque há algum tempo tínhamos sido apresentados num evento teatral. Eu tinha ido com meu tio e sua família assistir à encenação de *Édipo Rei* e depois houve um debate sobre a peça. Meu tio seria um dos oradores e H. também, além de outros dois que eu não sabia quais eram.

A peça era com o magnífico Paulo Autran estrelando e, assim que terminou o espetáculo, eu estava em lágrimas. Fui falar com o ator. Não perdia a atração pelo teatro e por seus atores. Talvez o palco com seus limites físicos funcione como um enquadramento possível da loucura. Seja o último bastião face à desordem desagregadora. Tudo isso eu pensei enquanto me dirigia ao camarim do ator. Bati à porta e ele disse: "entra", eu entrei e o vi pelo espelho, assim como ele me viu. Paulo Autran tirava a maquiagem, e eu estava ali, admirando-o. Foi um dos momentos mágicos da minha vida. Outros vieram.

— Por que uma moça tão bonita está chorando assim? — perguntou ele, vindo me dar um abraço.

Então eu disse que estava muito comovida com a sua interpretação. Ele me deu um segundo abraço. Conversamos um pouco. Ele me perguntou o que eu fazia e não lembro mais sobre o que falamos. Depois, eu agradeci pela atenção e saí do seu camarim. Necessitava me emocionar constantemente. Navegar no pranto, no belo, no comovente. Impressionante.

Na saída, vi que estavam desmontando parte do cenário para colocar uma mesa para o tal debate. O teatro João Caetano estava apinhado. Naquele momento, H., que eu ainda não conhecia, veio caminhando na minha direção, enquanto meu tio dizia: "É minha sobrinha, H., é minha sobrinha!". Ele e meu tio já estavam no palco. Cumprimentamo-nos, H. e eu, e, em seguida, fui para a plateia. Logo que se iniciou o debate, lembro que passaram o microfone para H. Sua fala foi emocionante. Arrancou aplausos e bravos da plateia. E eu só fui revê-lo tempos depois em seu consultório. Mas certamente ele não se lembrava de ter me visto antes.

◆

O sábio cagão

Antes de procurar por H., eu ouvira falar de um excelente psicanalista, mais velho, endeusado por seus pacientes, que atendia no mesmo andar que H. Com o tempo, soube que havia três analistas naquele andar com a mesma secretária, que me deu muitos copos d'água. A bondosa dona Júlia. Marquei uma entrevista com ele.

Entrei num consultório relativamente pequeno, acarpetado, atulhado de quadros, livros e objetos. Ele era um homem bem velho, sentado numa poltrona com as pernas esticadas num pufe. Talvez estivesse cansadíssimo e fosse mais velho do que meu pai, ou meu avô... Estou exagerando. Ele era só um velho que fazia um gênero velho sábio. Tenho um pouco de implicância com os ditos "sábios". Até porque ninguém o é. O velho analista me lançou um olhar frio. Depois do decorado "o que a traz aqui?", eu comecei dizendo de quem era sobrinha (sabia que ele era amigo do meu tio) e contei meus tormentos, que cada vez cresciam mais e mais. À medida que eu falava coisas impactantes, ele ficava cada vez mais quieto; quando terminei de falar, tive impressão de que ele havia se imobilizado numa mesma posição. Mumificado-se. Devia ser zen budista. Que treino também, hein! No final, sentenciou o velho: "Como a senhora sabe, dona Livia (mais um dona Livia para a minha coleção. Os velhos me chamavam de dona, puro preconceito contra jovem), a psicanálise é um processo muito difícil, não vamos dificultá-lo mais ainda. Mas se eu quisesse supervisão, ele poderia me atender. Achei honesto. Honesto, porém, cagão.

Deus e o Diabo
na Terra do Sol

Finalmente parei no consultório de H. Ufa! Última parada? A ver. Ele era mais velho do que meu pai, isso eu já sabia lá atrás, quando o tinha visto no dia do espetáculo do Édipo Rei. Mas naquele momento eu o estava vendo com outros olhos. H. tinha uma expressão jovial, por vezes gaiato, e era afável, como diria minha avó. Tinha uma boa cara, diria meu pai. Como eu tinha escutado os familiares. Embora ele também fosse amigo de meu tio, aceitou-me como paciente. Peitou o caso. Achei bacana pegar um corajoso pela frente. Só não sabia que era louco. Em pouco tempo eu descobriria isso.

Comecei a contar tudo de novo. Blá blá blá blá blá… Sabia quase de cor o que dizer numa primeira sessão de análise. Estava escolada. Ele escutou toda a ladainha e não disse nada. Tinha três pedrinhas numa das mãos e brincava com elas. Depois, eu soube que ele tinha tido um enfarte, sendo assim, tinha deixado de fumar. Pôs uma pedra no fumo. No final, marcou as sessões, duas vezes por semana, e disse o preço da consulta. Era caro, mas não o absurdo que cobrava o senhor das alturas. Acho que aquele homem cobrava alto para os pacientes não ficarem. Devia estar cansado, querendo repousar, pendurar o *foulard*. Com H. daria para enfrentarmos a despesa. O plural majestático aí é porque eu contava com meu marido para a empreitada.

Comecei o tratamento com H. e não sentia nada, nem o afeto que havia sentido por R. e nem o desprezo que sentira por P., o tal que R. me empurrara. O narcisinho sem graça. Todavia, eu achava que precisava ser atendida e também senti que de alguma forma ele daria conta de mim. Depois das sessões quase sempre encontrava a atriz Dina Sfat esperando para ser atendida, e ela toda vez me perguntava como estava o nosso analista naquele dia. Vejam como oscilava…

Logo que comecei o tratamento com ele, contei as agruras pelas quais eu havia passado no meu início de vida. "Custo a crer", eu disse, "que eu tenha sido aquela jovem mãe, com duas crianças pequenas, morando no quarto andar de edifício sem elevador, sem telefone, interfone então nem se fala, e sem ter também quem trabalhasse na minha casa (a grana era curta). Meu meio de transporte era uma bicicleta Monark com duas cadeirinhas, uma na frente e outra atrás, e assim íamos às compras, minhas filhas e eu. Na volta, após vencermos os degraus, invariavelmente eu tinha esquecido alguma compra. Eu tinha dezenove anos. E o pulso da vida já batia forte." Quando acabei, ele me aplaudiu. Levei um susto. Ele era mesmo bastante original... Já tinham me avisado. Não percebi a ironia das palmas, pelo contrário, aquilo me deu ânimo para contar mais. E assim fui até o final daquela sessão.

    Na consulta seguinte, comecei a contar sobre o famigerado Dia das Mães em que eu ia à igreja presbiteriana com minha mãe. Na porta, havia sempre um crente, não lembro se homem ou mulher (também não faz diferença, os crentes são todos iguais, esbranquiçados, nunca vi um crente bronzeado, parece que jogaram em todos um balde com água sanitária) que perguntava a quem entrava se a pessoa tinha mãe. Caso a resposta fosse afirmativa, a pessoa recebia um cravo vermelho, caso não, um cravo branco. Quando todos estavam dentro da igreja, sentados e quietos, e ia começar o culto, eu olhava para trás e via muitas pessoas segurando um cravo branco. "Tenho tanta pena de quem não tem mãe", eu disse. "E de quem tem, você não tem, não?", perguntou H. Um sustaço. Que sacolejada logo de início! Emudeci. Saí de lá meio zonza. Ele era talentoso e ousado. E irônico. Comecei a ter um pouco de medo do que poderia ouvir, então passei a silenciar. Numa das vezes em que eu estava calada, escutei a voz dele. "Você não disse que sabia ler poesia?" E aproximando-se de mim me entregou um livro de Fernando Pessoa. "Sente-se e leia, por favor". Escolhi uma conhecida, de Alberto Caeiro. Li do início ao fim. No final, ele gritou: "bravo!". Era totalmente louco mesmo. Mas eu seguia em frente. Tinha me animado.

    Na sessão seguinte, eu disse que ia contar a história do autógrafo que eu tinha de Carlos Drummond de Andrade. E comecei. Eu vinha para análise no nosso jipão e dava carona para minha filha caçula que ia ficar na casa de uma amiguinha. Pegamos a Rua Miguel Lemos, aqui em Copacabana, e ela estava totalmente engarrafada. Parece que tinha uma obra ou havia tido uma batida. Eu prestava atenção no trânsito e ela lia revistinha. Naquele precioso instante, vi Carlos Drummond de Andrade caminhando na calçada. Mostrei para minha filha e ela saltou em seguida do jipe e foi em direção ao poeta. Assustei-me e logo depois me emocionei vendo os dois juntos, conversando. Eles foram caminhando até à banca de revista. Eu torcia para que o trânsito continuasse congestionado, quando vi minha filha correndo e pulando de volta para dentro do jipe. Ela me entregou um papel com a dedicatória, e antes que eu falasse qualquer coisa, ela disse que ele tinha perguntado seu nome e ela dissera: "Livia". "É você quem gosta dele, não é, mamãe?" E voltou a ler a revistinha. H. aplaudiu novamente. Dessa vez, diferente. Palmas lentas, como se ele tivesse sido tocado. E foi. Disse que de fato era uma história bem bonita. E já que tinha se emocionado, perguntei se podia ler uma coisa que eu tinha escrito. "Leia, leia", disse ele. Abri minha bolsa, puxei o caderninho, tirei o pigarro e comecei a ler:

> Na adolescência, eu queria tanto amar e ser amada, que vivia às tontas, febril. Acabei namorando o namorado de uma amiga. Ela me contava dos beijos e dos afagos. Das vertigens e dos colapsos. O rapaz alucinante era um cavalo a motor? Rolei de paixão todos os degraus de casa. Tombei aos pés do telefone mudo. Meus pais me evitavam, não tomavam conhecimento do que estava por arder. Incendiar. Ninguém quer saber de uma menina louca de amor. O cavalo de raça trotava na minha cabeça e saltava obstáculos. Esperavam passar o que nunca passou. Nem passará.

"É uma escritora!", gritou ele. "Nem precisa escolher outro caminho." Naquele momento, lembrei de um dia que alguém perguntou ao meu tio que se eu fizesse análise, como seria? "Ah...", disse ele, "ela iria distrair o analista". Pois então.

Numa outra ocasião, quando eu entrava no consultório, ele disse que tinha conhecido meu pai. Um sujeito inteligente, interessante, humor excelente... agora pode se deitar no divã e falar mal dele. (Era um período em que eu andava às turras com meu pai.) Em cada sessão, uma novidade. Um dia, eu cheguei ao consultório e ele me mandou parar na porta, e disse: "Pablo Neruda morreu. Façamos um minuto de silêncio em sua memória". Ficamos os dois em pé, homenageando o poeta. Decididamente ele era uma figura muito diferente e trabalhava com liberdade, coisa difícil de encontrar nos analistas da época, que eram uns fechadões, formais, sérios; alguns até atendiam de paletó e gravata, quando o processo pode ser altamente lúdico.

Tudo isso eu pensei depois, naquele momento, achava-o um louco interessante. E a análise progredia. Um dia, ele disse: "Reparei que você não fala palavrão. Por quê?" Respondi que não sabia, que não tinha sido habituada e também, na minha casa, ninguém dizia palavrão. "Então vamos aprender", disse ele. "Repita comigo: porra! Puta que o pariu!", gritou. "Não, não quero", eu disse e então ele se aquietou. Deve ter achado que foi longe demais. E foi. Nada a ver ficar aprendendo a dizer palavrão.

Teve uma vez inusitada (como se as outras não o fossem). Eu estava indo para a sessão de carro, no meu fusquinha, e passava pela praia de Ipanema, quando, súbito uma coisa pipocou na minha testa e doeu. Dei uma olhada pelo espelhinho do carro e um filete de sangue escorria pela minha testa. Assustada, fiquei em dúvida entre voltar para casa ou seguir em frente; decidi ir à análise. Mas antes estacionei o carro e, olhando em volta, vi dois meninos pequenos jogando pedrinhas em quem passava. "Não façam isso, meninos", eu disse, chamando a atenção deles, e os dois fugiram. Pouco depois, entrei no consultório contando o que tinha me acontecido, H. mandou que eu fosse para perto da janela. Para a luz. Aproximou-se de mim, afastou meu cabelo e disse que ia pegar o mercúrio cromo. Quando voltou e começou a passá-lo, disse, com ar triunfante: "hoje, finalmente, eu vou cuidar da sua cabeça!". Naquele momento, nós dois rimos.

Eu não faltava as sessões, nem ele. Nunca desmarcou uma consulta. Inimaginável para os dias de hoje que se marca e desmarca a torto e a direito. Sigamos em frente. Na época, como também durante toda a vida, minha mãe tinha ficado totalmente protegida pelo meu afeto. Adorava-a e achava meu pai o detentor de todos os males. No decorrer da análise, eu sentia que H. tentava que eu tivesse outra visão de minha mãe, menos fantasiosa, e eu tinha medo daquele desmanche. Estava sempre atenta para não desmoronar. Ele não era analista para qualquer um, era um guerrilheiro da psicanálise, vivia mandando sua artilharia. "Te entrega, Corisco! Eu não me entrego não..."

Por falar nisso, um dia cheguei à consulta e disse que tinha sonhado que dava um tiro no analista da sala ao lado. "Obrigado por desviar o petardo!", disse ele. Esse era o H. Tinha um raciocínio ágil, brilhante, e encontrava sempre uma saída original, burlesca, engraçada nas suas interpretações. Eu girava em círculos, tentando proteger a única figura que tinha sido realmente boa na vida: minha mãe, e eu sentia que ele queria acertar, aí sim, teria um petardo na nossa relação. Ele devia sentir quando perdia as oportunidades. Era inteligente e sensível. Mas o palco vinha sempre antes. Eu compreendia perfeitamente porque ao longo da vida foi meu mecanismo de defesa por excelência. O riso, o chiste, o humor, como defesa do meu território.

No período em que estive fazendo análise com ele, ainda estava no meu segundo casamento, que volta e meia ele torpedeava. (Pensando bem, a análise com H. parecia cena de *Deus e o Diabo na Terra do Sol*. Como eu assistira ao filme três vezes, sabia como me locomover.) Eu sentia e sofria o tranco, mas não me desestruturava. Porém, uma vez, ao chegar ao consultório, deitar-me no divã e começar a falar e a chorar com pena da minha mãe nas garras do meu pai, escutei um barulho, olhei para o lado e H. estava de joelhos, mãos postas, olhando para o teto, rezando: "Oh, santa dona Acácia, que estais nos céus tocando harpa, como posso eu, sua filha, ir contra a sua sabedoria...". "Levanta daí, H.", eu disse. Ele sorriu e levantou-se, e essa cena tocou fundo na relação com a minha mãe. Não sei como conseguiu. Quer dizer, precisou representar algo para que eu me ligasse. Daquele momento em diante, passei a questionar a relação com minha mãe, o que antes era impensável.

A análise progredia. Em outra sessão, essa bem gracinha, deparei-me com um vaso grande, transparente, repleto de bolinhas de gude coloridas. Deitei-me e elogiei-o. "Me dei de Natal", disse ele. "Quando eu era pequena, costumava jogar bolinha de gude com meus irmãos", disse. "É boa de teco?", perguntou ele, levantando-se e virando o vaso de ponta a cabeça espalhando bolinha de gude por todo o consultório. "Vem pra cá!", chamando-me para o chão. Brincamos durante toda a sessão, jogando bolinhas de gude enquanto ele me interpretava. Às vezes, ele era bom e brincalhão. E ninguém era mais solto trabalhando do que ele. Mas a descontração cobrou seu preço.

Num dos dias de análise, deitei no divã e comecei a chorar. Chorei muito e ele ficou em silêncio. Passado um momento, perguntei: "Você não vai dizer nada?". "Não tenho nada a ver com a sua vida", disse ele. Assim mesmo. Com essas palavras. Um golpe. Baixo. Escutei e levantei-me instantaneamente para morrer fora dali. Abri a porta do consultório e ele foi atrás de mim. Nem escada o prédio tinha? Onde estaria a escada para eu me jogar? Entrei no banheiro e ele ficou dando batidas na porta. "Volta, Livia, volta!", dizia. "Você não queria que eu arranjasse um analista para sua filha, eu arranjei". Abri a porta do banheiro e voltei para o consultório. Odiando tudo aquilo. Dei muita confiança a ele, deu no que deu. Sentei-me na ponta do divã, quase caindo, e disse: "Que maneira terrível de me trazer de volta...". Ele veio em minha direção querendo me abraçar. "Não quero seu abraço, não quero. Você não é uma boa pessoa". "Não está com um problema sério com sua filha? Eu também estou com a minha", disse ele. "Não quero saber... E não tenho nada a ver com isso. Você devia ter desmarcado a sessão. Me poupado do seu descontrole. Qual o nome do analista pra minha filha?", perguntei, irritada e profundamente magoada. Ele deu. Levantei-me, ele também. Parei na porta e disse: "Nunca mais volto aqui". "Sabe que eu estou sempre aqui, não sabe?" Ele teve a cara de pau de dizer isso. Devia ser uma decoreba como outra qualquer. "Não", eu disse, "pra mim você não está". Ardia de raiva ao sair de lá. Sentia-me tão mal que quando desci e fui esperar o ônibus não conseguia ficar de pé, arriei num poste. Em dado momento, sacudi a cabeça, o cabelo estava enorme e eu tinha mania de fazer isso, acabei batendo com a cabeça no poste. Zuni de dor, fiquei vendo estrelinhas em plena Avenida Nossa Senhora de Copacabana. Chegando a casa, fui direto para cama chorar. A casa estava vazia. Meu marido tinha ido gravar e as meninas estavam no colégio. Chorei muito.

Mas minha história com H. não teve o seu término ali, de certa forma, continuava na minha cabeça. Saí devendo um mês a ele. Alguma coisa de ruim eu tinha de fazer. Mas pensava na dívida com frequência. Como uma revanche culposa. Volta e meia nos encontrávamos nas festas no Rio e eu me sentia muito mal, cumprimentávamo-nos ao longe e não passava disso. Ele não tinha esquecido, nem eu, que me sentia terrivelmente mal com a dívida. Dez anos depois, dez anos!, um dia peguei o telefone e liguei para o seu consultório. Sua secretária atendeu, eu disse quem era e ela ficou de dar-lhe o recado. Ele me ligou em seguida, eu disse que queria pagar-lhe. Ele perguntou se eu queria ir ao seu consultório ou à sua casa. "Prefiro que seja na sua casa", respondi. Jamais pisaria naquele consultório outra vez. Acho que ele esqueceu do que eu tinha dito.

Foi assim que numa tarde subi uma das ladeiras do Jardim Botânico e parei numa rua arborizada, como só acontece nas ruas desse bairro, em frente a um edifício de três andares sem elevador. Seu apartamento ficava no segundo andar e os degraus da escada eram bem largos. Assim que entrei, vi alguns dos seus filhos (acho que eram sete no total) no apartamento. Ele apareceu andando meio de lado, caminhava sempre assim, meio trôpego, conduziu-me a uma sala e sentamo-nos numa mesa pequena um de frente para o outro. Antes, ele ficou no corredor que dava para a tal sala/quarto, falando com um dos filhos. Espiava-me de vez em quando. Talvez ainda pensasse na minha raiva, se tinha realmente passado. Quando entrou e sentou-se, eu disse: "E aí, quanto eu te devo? Há dez anos, eu tinha duas sessões semanais e fiquei lhe devendo um mês". "Essa sessão foi ontem", disse ele. (Sempre louco, pensei. A psicanálise deve ter lhe feito muito mal.) E ficou pensativo, alisando a mesa com os dedos. De repente, olhou-me e disse: "Me dê uma garrafa de uísque!". "Uma garrafa de uísque?", perguntei. (Era ou não louco?) Acho que falou a primeira coisa que lhe veio à cabeça, devia estar querendo se livrar logo de mim. "Sim", disse ele, "e estará pago". "Tem preferência de marca?, perguntei. "À sua escolha", respondeu ele. "Está bem." E assim, pouco tempo depois, ele foi à minha casa com sua nova mulher, tinha casado de novo (quanta mulher...), e fizemos a cerimônia do uísque. Brindamos, bebemos, conversamos e alegramo-nos.

Fiz clínica durante muitos anos, assim como me submeti à análise. O velho H. me fez ver o quanto o pedágio desse nosso mundo é caro. E há de pagá-lo. Essa análise, cheia de sobressaltos, sustos, medos, teve mérito não só de colocar minha mãe em pauta, ou melhor, tirá-la da pauta, como também o de soltar-me e por-me em movimento. Foi um marco no meu périplo. A análise que abalou minha estrutura. Deu-me uma sacolejada. Quem passou por aquele divã há de saber o que eu digo.

H., sendo profundamente verdadeiro com seu desejo, mostrou que isso implica riscos, mas é possível. E que vale a pena. Tudo isso eu pensei muitos anos depois.

Final parcial de análise (digamos): onde se colhem bons frutos. Acho mesmo que o grande trabalho começa quando finda o tratamento. Ou se interrompe, como foi o caso. O final da análise se dá quando mudamos a narrativa de nossas vidas, quando descobrimos que nossa história muitas vezes é a nossa prisão. No meu caso, a descoberta foi de que nem minha mãe era a perfeição, nem meu pai, tão terrível. Naquela época, eu já tinha assinado a carta de demissão da Caixa Econômica. Mas ainda não era o final da análise, como disse, fora uma análise, sem dúvida, trepidante, espetacular, uma sacudidela em regra, mas no entanto sem final, com uma brutal interrupção. Não sei como vinguei a certas análises... Entretanto, eu teria que dar continuidade à busca. À saga. Ao longo disso, eu estava no meio do meu curso de graduação. Não pensava em outra coisa. Dia e noite eu estudava. E estudando eu me concentrava e centrava.

❖

O cucaracho

Eu só pensava nos livros; em estudar, preparar-me, graduar-me, mas, de um dia para o outro, comecei a ouvir falar em analistas argentinos que tinham chegado ao Rio. Que eles, sim, conheciam a obra de Freud como ninguém, eram muito estudiosos e coisa e tal. Os bambambãs que tinham aportado no pedaço. Ótimo. "Iria atrás", pensei. Animei-me a procurar um cucaracho. "Para bailar la bamba..."

Foi assim que entrei em análise com O. Não me lembro mais de onde partiu a indicação. O. era um sujeito baixo e parrudo, manso, meigo e com um olhar bom. Um cordeiro de Freud. Eu precisava mesmo encontrar um homem bom. Ele lembrava bastante meu marido. Foi nessa época que se deu a nossa separação, minha e do meu marido. O. foi de uma compreensão inenarrável, inacreditável. Eu ia ao seu consultório para chorar. Chorava desde a sala de espera. Chorei sessões inteiras de costas para ele e de cara para a parede. Uma cena e tanto. Um dilúvio emocional. Vivia a dor insuportável da separação, ao mesmo tempo que namorava Luiz Alfredo e estávamos para nos casar. Tudo uma grande confusão. Estava fazendo tudo o que queria e em prantos. Não se pode ter o bolo e comê-lo. Não sei mais quem dizia essa frase imbecil. O. foi muito paciente, terrivelmente compreensivo. Sou muito grata a ele. Lembro que ele atendia numa casa de vila, para depois vir a atender numa grande casa em Botafogo, onde se congregavam os analistas argentinos. A análise fluía. Naquele período, tive que ir à Suíça porque minha filha que morava lá havia se acidentado. Quebrara a clavícula. Na volta da viagem, O. não me cobrou pelos horários reservados. Um homem bom. Assim corriam as coisas entre nós, suaves, tranquilas, amistosas. E estávamos apaixonados um pelo outro. Babando de paixão. Tudo que uma boa análise exige para funcionar.

Um dia, em que eu estava no consultório deitada no divã, a porta se abriu subitamente e uma mulher entrou. Era uma *cucaracha* certamente; sussurrou alguma coisa no ouvido dele e em seguida saiu. Só podia ser a mulher dele. Mas onde já se viu uma coisa daquelas? "Já se pode invadir uma sessão de análise?" Perguntei, revoltada. Ele ficou super sem graça. "Como ela faz isso? É louca?" Eu estava furiosa. Ele se desculpou. Pediu *perdón*. E a louca era analista também. Prendam-na! Prendam-na!, tive vontade de gritar. Lembro que depois disso a análise não funcionou mais. Desandou. Mixou.

Porém, na última sessão, eu disse que estava para fazer quarenta anos, abaladíssima com a data, o que ele sabia, e gostaria que fôssemos almoçar juntos no dia do meu aniversário. Escolhi o restaurante, ele concordou, marcamos dia e hora. Precisava ver ele fora dali. Checar meus sentimentos. Certificar-me se ele continuava apaixonante. Ele topou, mas estava visivelmente temeroso de encontrar a louca pela frente. Chegou sem saber para que canto olhava, totalmente disperso e paranoico. E para desilusão minha, quando o vi fora do setting analítico, era um cara legal, mas fora da análise, era um homem comum, banal, igual a tantos outros que são encontrados pelas ruas, sem nenhum atrativo especial, não me inspirava nenhum grande afeto, *ningún tesón*. Divã opera milagres. Paixões soberbas que se dissolvem no ar. *Así, entre nosotros, passaram-se dos anos*. Guardo dele uma imensa doçura. E uma infinita paciência. *Adiós*, boníssimo.

A volta de R.

Eis que uma surpresa me aguardava. R. voltou! Minha primeira analista. "Ah, o primeiro copo, o primeiro corpo, o primeiro amor..." A tal que me abandonara. Mal podia acreditar no que acabara de escutar. Ela estava no Rio. Certamente, separara-se do marido. Deve tê-lo abandonado. Fez muito bem. Ninguém afasta uma mulher do seu lugar profissional, de sua conquista na vida, sua labuta. Fiquei muito feliz. Fui avisada pela secretária da Sociedade de Psicanálise da qual viria a fazer parte. Ela me ligou para avisar que R. estava na cidade e com consultório aberto. Viva! Corri para o telefone para marcar hora. Se bem que já tinha passado boi e boiada pela minha vida.

Quando nos reencontramos, achei-a diferente, mas eu também devia estar mudada. Mesmo assim, resolvemos voltar à empreitada analítica. Com frequência, Luiz Alfredo, já na minha história, ia me buscar no final da consulta. Logo de início, comentei com ela que estava namorando ele. "Está delirando, Livia?", perguntou ela. Não respondi, mas fiquei pasma com a pergunta. Delirando?! Como assim? Como me faz uma pergunta daquelas? Então não me achava capaz de conquistar um cara bacana? Todo mundo conhecia Luiz Alfredo no meio da psicologia. Ele era ou tinha sido professor da maioria. Sem contar com os grupos particulares. Além de um belo homem, Luiz Alfredo era um excelente professor. Não à toa era um *darling* entre os profissionais.

Num dos dias de aula, Luiz Alfredo descobrira que R. era sua aluna. Ele estava dando um curso na Sociedade da qual ela fazia parte. Na sessão seguinte, comentei que Luiz Alfredo tinha dito que ela estava na turma dele. Daí em diante, começou um ping pong — *acting out* — entre eles, que me fez muito mal e que durou algum tempo. E a análise ficou parada. Só se falava do que um dizia do outro, até que um dia R. me comunicou que tinha saído do grupo para preservar a nossa relação, que aquelas alturas tinha ido para o ralo. Totalmente fora de *timing*. O estrago já estava feito. Demorou muito para que ela tomasse aquela atitude. Sem contar que lidou muito mal em relação à gravidez que tive de Luiz Alfredo. Queria que eu tivesse o filho de qualquer jeito. E ficou muito decepcionada comigo quando eu fiz o aborto. Não demorou muito e eu disse que iria embora. Ela ainda tentou me convencer a ficar, mas o encanto, a confiança, o afeto tinham sido irremediavelmente abalados. Porém, sem dúvida, foi minha analista mais importante. A que inaugurou meu processo psicanalítico propriamente dito. A análise com ela durou um breve período. A rigor, aqueles quatro ou cinco meses lá atrás. Vejam que o tempo não é mesmo quantidade, e sim qualidade. *Alone again, naturally.*

◆

O galã

Eu não perdia a esperança. *Never.* Não podia. Um analista tem que ter análise e supervisão. Condição esta para vir a trabalhar. Eu estava atenta e à procura. Comecei a ouvir falar de analistas do Recife que haviam feito formação em Paris e que tinham migrado para o Rio de Janeiro. O zum zum psi era elogioso em relação a eles. Resolvi procurar um pernambucano. Meu pai era carioca. Meu avô, pernambucano. O meu bisavô, mineiro, meu tataravô baiano. Os meus e os do Chico Buarque.

Z. B., minha saudosa amiga, pernambucana também, foi quem me indicou o nome do analista. Falou muito bem sobre ele, acho que eram amigos, ou foram, em Paris. Fui atrás de outro analista que também morava numa ladeira. Como se procura o morro nas ruas do Rio... Simpatizei com ele logo que abriu a porta. Bonitão, forte e com uma cara saudável. Tipo *Spartacus*. Um filme que eu assistira com minha prima quando ainda habitava nossa riviera, em Icaraí. Nessa entrevista não chorei, certamente pelo impacto que sua figura física me causara. Um abalo mesmo. Tranco. Contei meu périplo a ele, que ouviu com atenção. Lembro, durante o relato, de ter feito alguma alusão à arte, que só trabalhando nessa área eu me realizaria, ou qualquer coisa do gênero. Adorava dizer isso para todo mundo. Não sei com qual intuito... Resvalei para a arte. É o que salva, não é mesmo? Tive impressão que ele estava sentado num nível mais alto do que o meu. Num trono. Ou já seria a transferência emanando seu poder de transformar sapo em príncipe? Algo me dizia em sua escuta, que ele estava atento não só ao que eu dizia, como também às próprias emoções. Obviamente não era um homem frio. Ao contrário, devia ser um passional. Um *latin lover*.

Eu já estava toda animada por ter encontrado um analista bacana, quando, no final da entrevista, ele disse que não podia me atender. E não explicou a razão. Talvez tenha dito que não tinha hora. Qualquer coisa assim. Não lembro. Acho que mexi com as coisas dele. Teve medo. Tratou de livrar-se logo de mim. Seguiu-se a indefectível oferta de supervisão. O que tanto me oferecem supervisão... Nela, estão livres para falar. Deve ser isso. Não quero supervisão, meu caro, a procura é de outra ordem. Bye, bonitão!

A analista da minha rua

Um dia, ouvi falar sobre uma analista que atendia num prédio que ficava na esquina da minha rua. Que coisa simpática sair de casa a pé para ir à análise. Vou dar um pulinho ali e já volto. E ia para análise. Ótimo! Pensei e me animei. Tratava-se de uma psicóloga lacaniana. Seria minha primeira experiência com Lacan. *Voilá!*

Lá fui eu, marquei a primeira consulta (que depois vi se tratarem de entrevistas) sem consultar meu tio. Já estava bem grandinha. N. era uma mulher clara, loira, bonita. Gostei dela desde o primeiro momento. Lembrou-me a psicóloga das pranchas de Rorschach. Logo que nos vimos, começamos a série de entrevistas. Eu ficava meio surpresa e desconcertada com o corte das sessões, alguns brevíssimos, mas sentia que começavam a ter um funcionamento dentro de mim. Acertamo-nos, N. e eu. Terminaram as indagações e começou a análise propriamente dita.

Corria tudo muito bem, até que eu soube, não lembro mais por quem, que N. atendia a mulher que vinha atacando sistematicamente a minha relação com Luiz Alfredo. Não havia sossego. A mulher bombardeou nossa relação durante dez longos anos. Um horror! Assim que tive a primeira sessão depois dessa fatídica notícia, perguntei a N. se ela estava atendendo a tal fulana. Ela disse que sim. Volta e meia tem uma mulher que aparece desandando a relação de análise. Lembrei-me da mulher do *cucaracho*, a que invadiu a sessão. Pois é. N. respondeu afirmativamente o que eu havia perguntado e eu então me levantei dizendo que não voltaria. Fui embora. Era muita onipotência. Mais uma deserção. Saí de lá chorando. Estava difícil acertar um analista.

Pouco tempo depois ela me ligou e eu estava em prantos porque acabara de saber que seria avó. Fiquei convulsionada. Esperei Luiz Alfredo chegar e fomos os dois conhecer aquela que viria ocupar um lugar muito importante no nosso afeto. E fim do tratamento com a bela da tarde.

O tempo, redutor dos grandes males, passou, e numa de minhas noites de autógrafos, tive a alegria de ver N. surgir, sorridente, na minha frente, pedindo que eu assinasse seu exemplar. Nunca hei de esquecer sua gentileza. Que bela reparação da nossa relação. Obrigada, querida. E foi ela que me indicou o analista seguinte. Esse sim, *the best one!*

* ◆ *

O D'Artagnan
do Agreste

Fui atrás da indicação que N. me deu. Apesar da mancada, ela era uma boa pessoa e, sem dúvida, bem-intencionada, acima de tudo marcara ponto com a reparação que fizera da nossa relação indo à noite de autógrafos. Não só se dispôs a ir ao evento, como ficou na fila aguardando sua vez para eu assinar seu exemplar. Além de um belo gesto de delicadeza, uma bela reparação.

Tem gente que sabe trabalhar. N. era uma dessas profissionais, apesar do descuido que tivera. Mas eu estava precisando mesmo de outra indicação. Fui ver mais um lacaniano. Não importava. Com uma boa escuta, eu estava até aceitando um kleiniano. Seria minha segunda experiência com a análise lacaniana. Já tinha ouvido muita coisa sobre análise lacaniana, queria chegar às minhas próprias conclusões, dado que com N. não houve tempo.

Marquei entrevista com o tal analista que também era de Pernambuco. Não saía mais do Nordeste. Pois bem, foi assim que eu conheci a figura firme, boa, simpática, honesta de R. Como também foi assim que eu fiz análise pela primeira vez. Quer dizer, tive no início uma escuta com R., até ela desertar para o interior com o marido, depois tive um sacolejão com H., portanto, seria meu terceiro encontro analítico. Os outros, em que pesem a boa vontade, não passaram de tentativas de análise.

Estava diante de um sujeito grandalhão e simpático, também conhecido como o D'Artagnan do Agreste. Algumas pessoas se referiam a ele assim. Era um bom apelido. Devo ter sido uma de suas primeiras pacientes no Brasil. Ele atendia numa casa em Botafogo. Acho que nos gostamos assim que nos vimos. Aleluia! Ele se interessou pelo meu já longo histórico, pela minha vida, por mim. Interessou-se também pelo meu périplo analítico. Este foi seu mérito: conseguir escutar não só a minha história pessoal, como a história das minhas outras análises ao longo de todo esse tempo. Uma escuta rara. Uma atenção que eu nunca tinha recebido. Não lembro de nenhuma interpretação especial, somente da diferença dos outros analistas, pois R. fazia muitas perguntas. Perguntas essas que me faziam pensar. Perguntas interpretativas. Não ficamos juntos por muito tempo, dois anos, dois anos e meio, talvez, mas lucrei muito com essa experiência. Muito mesmo. Além de ficar mais equilibrada, menos fantasiosa, passei a me escutar. A colocar a fantasia no lugar certo, na escrita. Através dessa análise, iniciei voo solo como autora. Passei a escrever. Exercício de uma grande liberdade. Esse é o grande ganho de uma análise, a escuta de si próprio. E que sujeito ético era esse analista. Depois de terminado o tratamento, tive alta; vejam, calculem, olé!

Viemos a nos encontrar mais adiante, R. e eu. Quando fomos convidados, junto a outros colegas, a montar uma sociedade de psicanálise lacaniana. Pouco tempo depois, desliguei-me da tal sociedade porque estava escrevendo um livro e queria me dedicar exclusivamente a ele. O tempo já se tornara escasso para atender e escrever. Contudo, posso dizer que nos tornamos amigos. Não desses que se telefonam e se veem sempre, mas daqueles que quando se encontram o afeto flui. Passou bastante tempo e andei indicando o nome dele para amigos. Quase todos entravam em contato agradecendo a indicação.

Há poucos anos, encontramo-nos no aniversário de uma amiga em comum. Ele já estava lá, quando chegamos, meu marido e eu. Sentei-me na cadeira a seu lado. A folhas tantas, ele diz: "E aí, Livia, a análise comigo foi boa?" "Tão boa que deixou o caminho aberto", eu disse. Estou à procura de análise outra vez. E estava.

Passado muitos e muitos anos, no momento em que fiquei viúva, R. me mandou uma mensagem: "Livia, querida, há momentos em que certas frases são mais marcantes do que em outros. Desde a morte de Luiz Alfredo venho repetindo em silêncio a frase de John Lennon: 'Hoje é o primeiro dia do resto de sua vida', que me parece se aplicar perfeitamente a você." Que bela pessoa! Uma vez analista, sempre analista.

◆

O último
pernambucano

Passado todos esses anos, senti necessidade de voltar a ser escutada. Vinha batendo numa mesma tecla familiar. Achei também que não deveria ser com R., que acabou com laço de fita, mas com alguém novo. Levei algum tempo procurando, até que, assistindo a uma palestra de um analista no computador, decidi procurar por ele. Era pernambucano também. Devo ter gostado muito desse avô nordestino.

Daquela vez, a mais velha no consultório era eu. Pudera, já estava com meus setenta anos. Ele me ouviu atentamente, e embora tenha se esforçado, não houve sintonia entre nós. À medida que as sessões prosseguiam, eu sentia que ele não me entendia. Esforçava-se, mas não me entendia. Às vezes é assim. Empatia, que era o caso, não leva à análise, facilita. Mas, de vez em quando, como eu disse, não acontece. Não faz liga. E assim ficamos durante alguns meses, tentando, tateando, eu levando material, e ele na escuta, esperando que se desse a transferência, sem a qual a análise não se cumpriria, o que aconteceu, apesar de termos nos empenhado. Ele e eu.

Na verdade, a questão que eu levara foi resolvida pelo meu marido. Um dia, cansado de ouvir-me falar do mesmo assunto, ele perguntou: "Por que você não põe essa história entre parênteses e segue sua vida?" Foi o que eu fiz. Ponto para o marido.

E já que estou falando nele, lembro que quando minha mãe morreu, eu fiquei desolada. Chorava compulsivamente e sem o menor controle. Uma noite em que fui me deitar, deixei Luiz Alfredo estudando na sala, e assim que entrei no quarto, o choro explodiu, convulso. Voltei para a sala, ele suspendeu os olhos do livro, e eu disse que não aguentava mais de saudades da minha mãe, achava que aquilo não ia passar. Fui por aí me lamentando, até ouvir sua voz dizendo: "Resta saber porque você fala de seu pai com tanta alegria e de sua mãe com tanta tristeza". Meu marido, às vezes, era um senhor analista! Tinha uma escuta apurada. Muitos perguntavam porque ele não exercia a clínica. Ele tinha uma percepção muito apurada para uma primeira vez que alguém se queixava, mas se a pessoa se repetisse, adeus escuta. E a clínica, como sabemos, é fundamentalmente repetição. Quando mudamos a narrativa de nossa vida, estamos curados.

◆

O Zé

Z. M. é psiquiatra, psicanalista, terapeuta, e durante muitos anos foi aluno de Luiz Alfredo, morava próximo a nós, e volta e meia meu marido e ele iam caminhar juntos pelo Aterro. Frequentavam a nossa casa, ele e a mulher, depois ele se separou, casou de novo e mudou-se. Perdemos bastante o contato.

Passado mais tempo ainda, já idosos, o médico do meu marido indicou a ele um neurologista. Ele precisava mesmo. Andava com esquecimentos e, por vezes, apresentava um estado confusional. Assim, fomos juntos, a um médico em Ipanema.

Chegando lá, o neurologista me incluiu na consulta. O médico queria dividir a responsabilidade do caso, entendi. Precisava de testemunha. Ao longo da consulta, de posse dos exames, ele disse que meu marido estava com déficit de atenção. Esse foi o início de tudo. E eu, a seu lado, fornecia as palavras que faltavam a meu marido. Mas desde a primeira vez, eu não gostei do médico, porém, como Luiz Alfredo não disse nada, não me manifestei. Ele podia ser bom no aspecto técnico, mas no aspecto humano, deixava muito a desejar. Muito desrespeitoso. Atendendo um senhor de oitenta anos e brincando com o celular, mostrando piadas a meu marido, dizendo que estava tomando o tempo da consulta, e estava. Quanto a mim, ficava regendo-me por debaixo da mesa, quando eu deveria falar, sem que tivesse a menor intimidade comigo. Um estúpido. Sem a menor condição de atender ninguém. Cada vez que saíamos de lá, eu ia embora mais indignada, revoltada. Até que um dia, sem que eu tivesse dito nada, no final de uma das consultas, meu marido disse que não voltaria mais ao neurologista. Senti um grande alívio, por ele, que estava sendo desrespeitado, e por mim, que estava sendo desrespeitada também. Então abri o jogo. Achei que meu marido estava coberto de razão.

Passado algum tempo, num sábado, nosso velho amigo Z. M. apareceu para uma visita com uma garrafa de vinho nas mãos. Tinha encontrado Luiz Alfredo na rua, e, percebendo que ele não estava bem, disse que não ia deixá-lo sozinho. Estava visivelmente preocupado. Então, naquele sábado, os dois conversaram a tarde toda. No final, eu disse: "vamos falar sobre o 'Kevin'?". Os dois se surpreenderam. Eu perguntei: "Meu bem, você aceita ser cliente do Z.M.?" "Sim", respondeu ele. "Z.M., você aceita seu amigo como seu paciente?" Sem que tivesse pensado nisso, fiz ali o papel de juiz de paz.

Assim, as coisas tomaram outro rumo. Ele mudou a medicação do meu marido, que passou a ir ao seu consultório. Nos dias de consulta, Luiz Alfredo chegava assobiando em casa feito passarinho, feliz da vida. Isso durou poucos meses porque seu quadro se agravou e ele teve de ser internado. E, lamentavelmente, não saiu mais do hospital. Z. M. esteve na clínica várias vezes, e um dia, dado que meu marido não voltaria mais à terapia, perguntei ao Z.M. se ele me atenderia. Ele me aceitou.

Herdei o terapeuta de meu marido e continuei tratando-me, para enfrentar o que seriam os piores dias da minha vida, o primeiro tempo do luto. O luto talvez seja o maior trabalho que se enfrenta na vida. Poucos suportam. Não é fácil lidar com um passado que foi de duas pessoas. E não sei o que seria se não encontrasse alguém que me escutasse.

Continuei indo ao Z.M., derramando minhas lágrimas e palavras, precisava mesmo de apoio, uma vez que tinha ficado irremediavelmente a sós, até recentemente, quando achei que dava para levar a vida. Retomei a escrita. E assim venho vivendo, amparada pela literatura, despedindo-me da vida que não existe mais. A gente nunca sabe o que vai fazer sem o outro, mas vai fazendo. É assim, dolorosamente assim. O luto de um companheiro é um abismo. Como não há inscrição da negatividade no inconsciente, não há inscrição da morte. Não é à toa que as pessoas guardavam o luto. Na atualidade, não se respeita mais esse tempo subjetivo. Eu não tenho pressa. Foram 44 anos de união, de respeito, companheirismo e afeto.

Todos nós, que passamos pelo divã, que submetemos nossa fala, nossa história, nossa angústia à escuta do outro, somos gratos a Freud, ao descobridor do incomensurável poder curativo das palavras.

◆

Em memória de Horus Vital Brazil, meu tio.

Este livro foi impresso nas oficinas gráficas da Editora Vozes Ltda.,
Rua Frei Luís, 100 – Petrópolis, RJ.